AF358896

ORDONNANCE

DU ROI,

Concernant les Invalides penſionnés, Soldes, Demi-ſoldes & Récompenſes militaires, retirés dans les Provinces.

Du 9 Mars 1778.

A PARIS,

DE L'IMPRIMERIE ROYALE.

M. DCCLXXVIII.

ORDONNANCE
DU ROI,

Concernant les Invalides penſionnés, Soldes, Demi-ſoldes & Récompenſes militaires, retirés dans les Provinces.

Du 9 Mars 1778.

DE PAR LE ROI.

S A MAJESTÉ s'étant fait repréſenter ſon Ordonnance du 17 avril 1772, concernant les Invalides penſionnés, les Soldats retirés dans les provinces, avec leurs ſolde & demi ſolde, & les Vétérans, Elle auroit reconnu l'inconvénient d'aſſujettir des Militaires infirmes & caducs, qui ont ſervi utilement l'État, à des voyages multipliés, diſpendieux & pénibles, pour recevoir une penſion, dont les frais de route abſorbent la meilleure partie: Et voulant donner à ces Penſionnaires, juſque dans la diſpenſation même de ſon bienfait, de nouvelles marques de ſa bienveillance, Elle a ordonné & ordonne ce qui ſuit:

A ij

ARTICLE PREMIER.

VEUT Sa Majesté que les six voyages par an, que faisoient ci-devant les Pensionnaires non domiciliés dans le lieu de résidence des Subdélégués, pour recevoir leur pension, soient réduits à l'avenir à deux ; savoir, aux 1.ᵉʳ de Janvier & 1.ᵉʳ de Juillet de chaque année.

2.

ENTEND néanmoins Sa Majesté, que ceux des Pensionnaires que leurs besoins mettront dans l'impossibilité d'attendre le payement des six mois, puissent s'adresser, tous les deux mois au Subdélégué de leur district ; lequel sera tenu de les solder, en en faisant note sur son contrôle & sur le rôle dont lesdits Pensionnaires seront porteurs, sans la représentation duquel ils ne pourront recevoir aucun payement.

3.

LES Pensionnaires dispersés dans les villages, seront dispensés de se rendre tous les deux mois chez le Subdélégué de leur arrondissement ; mais ils pourront se présenter à l'Échevin, Syndic ou Collecteur de leur paroisse, qui sera tenu de les payer d'après les arrangemens que les Intendans des généralités auront pris à cet égard, & des ordres qu'ils auront donnés aux Receveurs des Tailles ou autres Receveurs des deniers royaux : Seront lesdits Échevins obligés de s'assujettir à la forme prescrite pour les Subdélégués, auxquels ils enverront la note exacte des payemens par eux faits pendant les mois de Janvier, Février, Mars & Avril, pour le premier semestre ; & pendant ceux de Juillet, Août, Septembre & Octobre, pour le dernier semestre de l'année, afin qu'ils puissent être remboursés de leurs avances.

4.

L'INTENTION de Sa Majesté est que, conformément à l'*article 12* de son Ordonnance du 17 avril 1772, tout Penfionnaire qui ne fe préfenteroit pas en uniforme, aux époques prefcrites par *l'article 1.er* de la préfente Ordonnance au Subdélégué, pour conftater fon exif-tence, & recevoir fon payement de fix mois, à la déduction des à-comptes qu'il aura pu toucher, confor-mément à l'article précédent, ne puiffe être rappelé pour le temps de fon abfence dans les revues des Commif-faires des guerres, à moins qu'il ne rapporte un certificat d'un Médecin ou d'un Chirurgien, vifé des Maire, Échevins, Officiers municipaux, ou de deux notables habitans du lieu de fon domicile, & du Curé de fa paroiffe, qui attefte qu'il a été hors d'état de comparoître pour caufe de maladie ou autre raifon valable.

Obligation de produire un certificat, en cas de maladie.

5.

DANS tous les cas, le payement des deux derniers mois de chaque femeftre, ne pourra être fait que par le Subdélégué.

Payement à faire par le Subdélégué uniquement.

6.

LES Penfionnaires ne pourront changer de fubdélé-gation, ou paffer d'une compagnie à une autre, que le jour de leur préfentation, défigné en l'article 1.er : il leur fera alors délivré le certificat de ceffation de payement ufité en pareil cas, figné du Subdélégué, & vifé par le Commiffaire des guerres, fans lequel ils ne pourront être payés dans la nouvelle réfidence qu'ils auront choifie.

Certificat de ceffation de payement.

7.

PERMET néanmoins Sa Majefté aux Commiffaires des guerres, de faire expédier, outre les époques ci-deffus déterminées, des certificats de ceffation de paye-ment, à ceux defdits Penfionnaires dont le changement de domicile leur paroîtra urgent & indifpenfable.

Idem.

8.

L'USAGE établi jufqu'à préfent pour les payemens

Payement pour la ville de Paris.

qui fe font dans la ville de Paris, continuera d'être exécuté comme par le paffé.

9.

Époques des états de payement, des revues & des envois.

LES Subdélégués ne feront à l'avenir que deux états de payement pour les Invalides penfionnés, & deux pour les foldes, demi-foldes & récompenfes militaires; l'un le 1.er Janvier & l'autre le 1.er Juillet. Les Commiffaires des guerres en uferont de même pour les revues de départemens & de réfidences. Quant aux contrôles généraux & particuliers, ils feront formés le 1.er Juillet, & l'envoi des expéditions prefcrit par l'Ordonnance du 17 avril 1772, fe fera comme ci-devant & dans les mêmes délais, en partant des époques fixées au préfent article.

10.

Revue effective & par appel.

LA revue effective & par appel que les Commiffaires des guerres étoient précédemment obligés de faire le 1.er Mai, fe fera à l'avenir dans les quinze premiers jours de Juillet, & ils fe concerteront avec les Subdélégués de leur département, pour prendre leurs jours de payement, & occafionner aux Penfionnaires le moins de déplacement & de retard qu'il fera poffible.

11.

Forme des contrôles.

LES récompenfes militaires ne devant pas former un objet féparé, Sa Majefté entend que les hommes qui jouiffent de femblables grâces ou qui en jouiront par la fuite, foient compris dans les revues des Commiffaires des guerres, avec les foldes & demi-foldes, & confondus avec elles dans les contrôles, en réuniffant dans une même claffe les fommes égales entr'elles, & commençant par la plus forte.

12.

État du mouvement.

SA MAJESTÉ veut que le mouvement qui fera furvenu dans l'intervalle d'une revue à l'autre, foit porté par le

Commiffaire des guerres de réfidence, fur un état féparé & fommaire, lequel fera joint à fa revue, conformément au modèle annexé à la préfente Ordonnance. N'entend Sa Majefté rien innover aux revues des Commiffaires des guerres, non plus qu'aux états de payement des Subdélégués, qui continueront d'être faits dans la forme qui a eu lieu jufqu'à ce jour.

1 3.

SA MAJESTÉ renouvelle aux Curés de fon royaume, dans les paroiffes defquels font retirés les Officiers & autres Militaires penfionnés, l'injonction d'adreffer exactement au Secrétaire d'État ayant le département de la guerre, une expédition de l'extrait mortuaire de chaque homme, à l'inftant de fon décès, vifé *gratis* des Juge, Maire, Échevins, Confuls ou Syndics defdits lieux. Ils enverront une feconde expédition dans la même forme au Subdélégué, qui leur fera délivrer *Vingt fous* au compte de Sa Majefté, & joindra lefdits extraits & les états de payement, conformément à ce qui eft prefcrit par l'*article 20* de l'Ordonnance du 17 avril 1772.

Extraits mortuaires à envoyer par les Curés.

1 4.

TOUS les Invalides, Soldes, Demi-foldes & autres Penfionnés, retirés dans les provinces du royaume, jouiront de l'exemption de la taille induftrielle & autres impofitions perfonnelles pour raifon du trafic, commerce, induftrie & exploitation auxquelles ils pourront fe livrer. S'ils exploitent leurs héritages ou prennent des biens d'autrui à ferme, à titre d'adjudication ou autrement, ils feront, de quelque nature que foient lefdits biens, fujets à la taille d'exploitation & autres impofitions acceffoires à ladite taille; & lefdits Penfionnaires feront, dans tous les cas, fujets au Vingtième & autres charges réelles que fupportent les propriétaires des fonds & droits réels. Enjoint très-expreffément Sa Majefté aux

Exemptions & privilèges.

Commiffaires départis en fes provinces, de tenir la main à l'exécution du préfent article, qui eft interprétatif des articles 13 & 17 du titre VIII de l'Ordonnance d'adminiftration du 25 mars 1776.

15.

Motif pour entrer à l'Hôtel.

TOUT homme qui aura été admis à l'Hôtel royal des Invalides, ne pourra quitter l'Hôtel & demander la penfion de récompenfe militaire; mais les Penfionnaires qui fe trouveront, par leurs infirmités, dans l'impoffibilité de vivre chez eux, pourront, en remettant leurs penfions, demander à entrer à l'Hôtel, où ils feront reçus lorfqu'il y aura des places vacantes, d'après la demande qui en fera faite par les Commiffaires des guerres, au Secrétaire d'État ayant le département de la guerre.

16.

Refus de penfion, & en quel cas.

SA MAJESTÉ ayant vu avec furprife les réclamations de différens bas Officiers & Soldats qui ont quitté leur Corps par efprit d'inconftance, & prétendent cependant à des récompenfes qu'Elle eft réfolue de n'accorder qu'à ceux qui par leurs actions, leurs bleffures, ou des infirmités, fuite de leurs fervices, les auront méritées, Elle a penfé que les articles 1.er & 2 du titre VIII de l'Ordonnance d'adminiftration du 25 mars 1776, qui prive de toute récompenfe les Officiers ou Soldats qui quittent volontairement le fervice, ne leur étoient pas connus; en conféquence Elle ordonne aux Commiffaires des guerres, d'en faire lecture à la tête des régimens lors de leurs revues: déclarant Sa Majefté qu'en aucun cas & fous aucun prétexte Elle ne s'écartera des difpofitions defdits articles.

17.

Certificat de Récompenfe militaire.

POUR éviter les retards de payement qu'ont éprouvés jufqu'à préfent les Penfionnaires nouvellement retirés de leur corps, Sa Majefté veut & ordonne que les hommes qui obtiendront à l'avenir la récompenfe militaire, foient munis en quittant leur régiment, d'un certificat figné du Secrétaire d'Etat ayant le département de la guerre, en vertu duquel les Commiffaires des guerres feront autorifés à les faire jouir de cette grâce, & à les comprendre dans leurs revues, fans qu'il foit néceffaire d'expédier de nouveaux ordres à ce fujet. Le payement de la penfion defdits hommes, ne commencera à courir que du jour de leur préfentation au Commiffaire des guerres du département dans lequel ils fixeront leur domicile; & à fon défaut ils s'adrefferont pour leur enregiftrement au Subdélégué.

18.

SA MAJESTÉ ayant reconnu les inconvéniens qui réfultent de l'inégalité des époques auxquelles les livraifons de l'habillement fe font faites jufqu'à préfent, & voulant établir à cet égard l'uniformité dont cet objet peut être fufceptible, Elle a ordonné qu'à compter du 1.er Juillet prochain, il ne fera plus délivré d'habits aux Invalides, Soldes, Demi-foldes & Penfionnaires de la récompenfe militaire, qu'aux deux époques des 1.er Janvier & 1.er Juillet de chaque année.

Livraifon des habits, & à quelles époques.

19.

POUR indemnifer ceux defdits hommes à qui l'habillement feroit dû à des termes, autres que ceux ci-deffus fixés, du préjudice qui pourroit en réfulter pour eux; veut Sa Majefté qu'il foit fait un décompte en argent, à partir du jour que l'habillement leur reviendra, jufqu'au 1.er Juillet fuivant, à ceux qui auroient dû recevoir ledit habillement dans l'un des fix premiers mois de l'année; & jufqu'au 1.er Janvier à ceux à qui il reviendra dans l'un des fix derniers mois.

Décompte pour indemnifer du retard de l'habillement.

20.

LEDIT décompte fera fait par les Subdélégués, à raifon de onze livres par année pour les Officiers-invalides,

Comment doit fe faire le décompte, & fur quel pied.

& de huit livres pour les bas Officiers & Soldats ; de
fix livres pour les Soldes, & de quatre livres dix fous
pour les Demi-foldes. Quant aux récompen es militaires,
le décompte leur fera fait auffi fur le pied de quatre livres
dix fous, conformément à ce qui eft réglé par l'article 12
du titre VIII de l'Ordonnance d'adminiftration du 25
mars 1776, qui fixe trente-fix livres pour l'habillement
de huit années. Les Subdélégués feront parvenir, à l'ex-
piration de chaque femeftre, l'état defdits décomptes
aux Commiffaires des guerres, afin que ceux-ci puiffent
faire paffer dans les quinze premiers jours du nouveau
femeftre, l'état particulier qui réunira toutes les fubdélégations de leur département, au Commiffaire des
guerres de réfidence, lequel devra former un état
général, pour être adreffé, avec fes revues, au Secrétaire
d'État ayant le département de la guerre, à l'Intendant
de la province & au Commis principal de l'Extraordinaire
des guerres.

2 1.

On ne pourra
recevoir plus de fix
mois de décompte.

LES décomptes ne feront faits auxdits Invalides, Soldes,
Demi-foldes & Récompenfes militaires, que fucceffi-
vement, & dans la première année feulement où l'habillement leur fera dû, à partir de la préfente Ordonnance,
de façon qu'aucun defdits hommes ne puiffe en aucun
cas recevoir plus de fix mois de décompte.

2 2.

Habillement
en nature
pour les Invalides.

LES Officiers, bas Officiers & Soldats-invalides,
continueront de recevoir leur habillement en nature
tous les quatre ans, conformément à ce qui a été précédemment reglé par les Ordonnances qui les concernent.

2 3.

Habillement
en nature pour
les Récompenfes
militaires.

LES hommes qui ont obtenu la penfion de Récompenfe
militaire, depuis l'Ordonna ce d'adminiftration du 25
mars 1776, ou qui l'obtiendront par la fuite, feront

habillés tous les huit ans, suivant l'article 12 du titre VIII de ladite Ordonnance, mais l'habillement leur sera fourni en nature.

24.

TOUT homme qui aura obtenu la récompense militaire, continuera d'être fourni par le régiment qu'il quittera, d'un habit uniforme neuf; mais Sa Majesté ayant établi par la présente Ordonnance, que l'habillement ne sera plus délivré à l'avenir aux hommes retirés, qu'aux époques des 1.er Janvier & 1.er Juillet de chaque année, Elle veut qu'il soit tenu compte par la Masse générale du régiment, du temps qui restera à courir depuis le jour que ledit homme sera congédié, jusqu'aux 1.er Janvier ou Juillet suivant, & ce sur le pied fixé par les articles 19 & 20 de la présente Ordonnance, dont il sera fait mention au dos de la cartouche.

Habit à fournir par les régimens, & décompte à faire.

25.

SA MAJESTÉ voulant bien avoir égard aux représentations qui lui ont été faites en faveur des hommes qui jouissoient de la solde entière, précédemment à son Ordonnance du 25 mars 1776, & à la diminution qu'ils ont éprouvée sur ladite solde, Elle déclare qu'ils ne sont pas compris dans l'article 12 du titre VIII de ladite Ordonnance d'administration; veut en conséquence Sa Majesté que l'habillement continue de leur être fourni tous les six ans, conformément à l'Ordonnance du 17 avril 1772, & aux dispositions de la présente; les Demi-soldes continueront d'être habillés tous les huit ans.

Habillement des Soldes & Demi-soldes, fourni en nature.

26.

LE 1.er Janvier de chaque année, les Commissaires des guerres formeront des états exacts & nominatifs des hommes de leur département, auxquels l'habillement sera dû le 1.er Juillet suivant; ils formeront de pareils états le 1.er Juillet pour le mois de Janvier.

États à fournir pour l'habillement.

27.

CES états feront envoyés dans les quinze premiers jours de Janvier & de Juillet, par les Commissaires des guerres de département, aux Commissaires des guerres de réfidence: ces derniers formeront un état général conforme aux modèles joints à la préfente Ordonnance; ils l'enverront avec leurs revues, au Secrétaire d'État ayant le département de la guerre, & en remettront un double à l'Intendant de la généralité, pour fervir à la répartition dudit habillement dans les différentes fubdélégations.

28.

Envoi des habits.

SA MAJESTÉ donnera les ordres néceffaires pour faire paffer dans les généralités, les habits qui auront été demandés, & les y fera parvenir dans les quinze premiers jours de Juin & de Décembre au plus tard; afin que les Intendans aient le temps fuffifant pour les faire paffer dans chaque fubdélégation, avant les époques fixées pour la diftribution.

29.

Habits
des
hommes décédés,
mis en magafin.

L'HABILLEMENT des hommes décédés ou difparus dans les fix mois qui fe feront écoulés depuis la formation des états, à la livraifon, fera mis en magafin, & employé pour la diftribution fuivante; veut en conféquence Sa Majefté qu'il en foit fait des états par les Commissaires des guerres, qui feront joints à ceux demandés par l'article 26.

30.

Retard
de l'habillement,
& en quel cas.

POUR établir l'ordre dans la diftribution de l'habillement, & éviter les doubles emplois; veut Sa Majefté que tout homme qui aura été porté fur l'état (du 1.er Janvier par exemple) pour recevoir l'habillement le 1.er Juillet, & qui aura changé de domicile dans cet intervalle, ne puiffe recevoir dans la nouvelle réfidence qu'il aura choifie, l'habit, que dans le femeftre fuivant, fans qu'il puiffe prétendre à aucun décompte, indemnité ou dédommagement pour ce retard.

Il en fera ufé de même à l'égard de ceux qui, fans avoir changé de domicile, ne fe préfenteroient pas aux époques fixées pour la diftribution de l'habillement; Sa Majefté ne voulant pas que fous aucun prétexte il en foit délivré paffé les 1.er Janvier & 1.er Juillet de chaque année.

3 1.

SA MAJESTÉ, informée que plufieurs Penfionnaires ne prennent aucun foin de leur habillement, que même quelques-uns le vendent auffitôt qu'ils l'ont reçu, Elle ordonne aux Commiffaires des guerres, de faire à leur revue du 1.er Juillet, l'infpection des habits, de faire réparer, aux dépens defdits Penfionnaires, ceux qui fe trouveront en mauvais état par leur faute, & d'envoyer au Secrétaire d'État ayant le département de la guerre, le nom des hommes qui auroient vendu le tout ou partie de leur habillement, pour être ordonné de leur punition.

3 2.

LES Subdélégués auront foin, au premier payement qu'ils feront aux Invalides, Soldes, Demi-foldes & Récompenfes militaires, de leur donner connoiffance des articles qui les concernent, afin qu'ils aient à s'y conformer.

3 3.

L'INTENTION de Sa Majefté eft que l'Ordonnance du 17 avril 1772, ait fon exécution pour tout ce qui ne fera pas contraire aux difpofitions de la préfente.

MANDE & ordonne Sa Majefté au fieur Prince de Montbarey, Secrétaire d'État ayant le département de la guerre, Directeur & Adminiftrateur de l'Hôtel royal des Invalides; au fieur Baron d'Efpagnac, Maréchal-de-

camp & Gouverneur dudit Hôtel; aux Gouverneurs &
Lieutenans généraux dans ses provinces, aux Com-
mandans de ses villes & places, aux Intendans en ses
provinces, aux Commissaires des guerres, & à tous
autres ses Officiers qu'il appartiendra, de tenir la main
à l'exécution de la présente Ordonnance.

FAIT à Versailles le neuf mars mil sept cent soixante-
dix-huit. *Signé* LOUIS. *Et plus bas,* LE PRINCE
DE MONTBAREY.

GÉNÉRALITÉ D

INVALIDES PENSIONNÉS.

Penſion de   ‡ par An.

DÉPARTEMENT D

SUBDÉLÉGATION d

RÔLE des payemens à faire au nommé
retiré à

ANNÉE 1778, DERNIER SEMESTRE.	ANNÉE 1779, PREMIER SEMESTRE.
JUILLET & AOÛT. PAYÉ le	*JANVIER & FÉVRIER.* PAYÉ le
SEPTEMBRE & OCTOBRE. PAYÉ le	*MARS & AVRIL.* PAYÉ le
NOVEMBRE & DÉCEMBRE. PAYÉ le par nous Subdélégué.	*MAI & JUIN.* PAYÉ le par nous Subdélégué.

DÉLIVRÉ par nous Subdélégué, pour être payé,
à compter du
FAIT à   le   *1778.*

Nota. Les Penſionnaires ne pourront recevoir aucun payement, ſoit de la part des Subdélégués, ſoit de celle des Échevins ou autres, ſans la repréſentation de leur Rôle, conformément à *l'article 2.*

Lorſqu'ils changeront de Subdélégation, ils devront remettre leur Rôle au Subdélégué qu'ils quitteront; & ils en recevront un autre à leur nouvelle deſtination, en vertu du certificat de ceſſation de Payement, dont ils devront être porteurs, ſuivant *l'article 6.*

INVALIDES PENSI

GÉNÉRALITÉ d

ÉTAT du mouvement de cette Cor. mois *1778*.

CETTE Compagnie restoit composée au 1.er janvier

ELLE a reçu pendant le premier Semestre.....

DÉPARTEMENS.	SUBDÉLÉGATIONS.	NOMBRE				
		PAR SUBDÉLÉGATIONS.			DES DÉP/	
		Officiers.	Bas Off.rs	Soldats.	Officiers.	Bas (
BITCHE...	Bitche.......	2.	4.	6.	3.	1.
	Boulay......	1.	3.	4.		
	Bouzonville....	*ii*	7.	3.		
BAR......	Étain........	3.	*ii*	4.	4.	
	Commercy....	1.	2.	*ii*		
ÉPINAL...	Mirecourt.....	5.	6.	5.	7.	;
	Charmes.....	2.	1.	*ii*		

TOT.

ELLE a perdu pendant ledit Semestre.

DÉPARTEMENS.	SUBDÉLÉGATIONS.	Officiers.	Bas Off.rs	Soldats.	Officiers.	Bas (
BITCHE...	Bitche.......	1.	2.	*ii*	6.	
	Boulay......	3.	4.	3.		
	Sarguemines...	2.	*ii*	2.		
NANCY....	Nancy.......	*ii*	2.	1.	4.	
	Lunéville.....	1.	1.	4.		
	Pont-à-Mousson.	3.	1.	*ii*		

PARTANT cette COMPAGNIE reste au 1.er ju

FAIT & arrêté par Nous Commiss.
le

INVALIDES PENSIONNÉS.

GÉNÉRALITÉ d

*É*TAT *du mouvement de cette Compagnie, pendant les fix premiers mois 1778.*

CETTE Compagnie reftoit compofée au 1.er janvier 1778, de.

ELLE a reçu pendant le premier Semeftre.............

		NOMBRE						TOTAUX.		
		PAR SUBDÉLÉGATIONS.			DES DEPARTEMENS.					
DÉPARTEMENS.	SUBDÉLÉGATIONS.	Officiers.	Bas Off.rs	Soldats.	Officiers.	Bas Off.rs	Soldats.	Officiers.	Bas Officiers	Soldats.
								60.	50.	200.
BITCHE...	Bitche........	2.	4.	6.	3.	14.	13.	14.	23.	22.
	Boulay.......	1.	3.	4.						
	Bouzonville....	//	7.	3.						
BAR.......	Étain........	3.	//	4.	4.	2.	4.			
	Commercy....	1.	2.	//						
ÉPINAL...	Mirecourt.....	5.	6.	5.	7.	7.	5.			
	Charmes......	2.	1.	//						
TOTAL......								74.	73.	222.

ELLE a perdu pendant ledit Semeftre.

		PAR SUBDÉLÉGATIONS.			DES DEPARTEMENS.			TOTAUX		
BITCHE...	Bitche........	1.	2.	//	6.	6.	5.	10.	10.	10.
	Boulay......	3.	4.	3.						
	Sarguemines...	2.	//	2.						
NANCY....	Nancy........	//	2.	1.	4.	4.	5.			
	Lunéville.....	1.	1.	4.						
	Pont-à-Mouffon.	3.	1.	//						

PARTANT cette COMPAGNIE refte au 1.er juillet 1778. | 64. | 63. | 212.

*F*AIT & *arrêté par Nous Commiffaire des guerres, à*
le

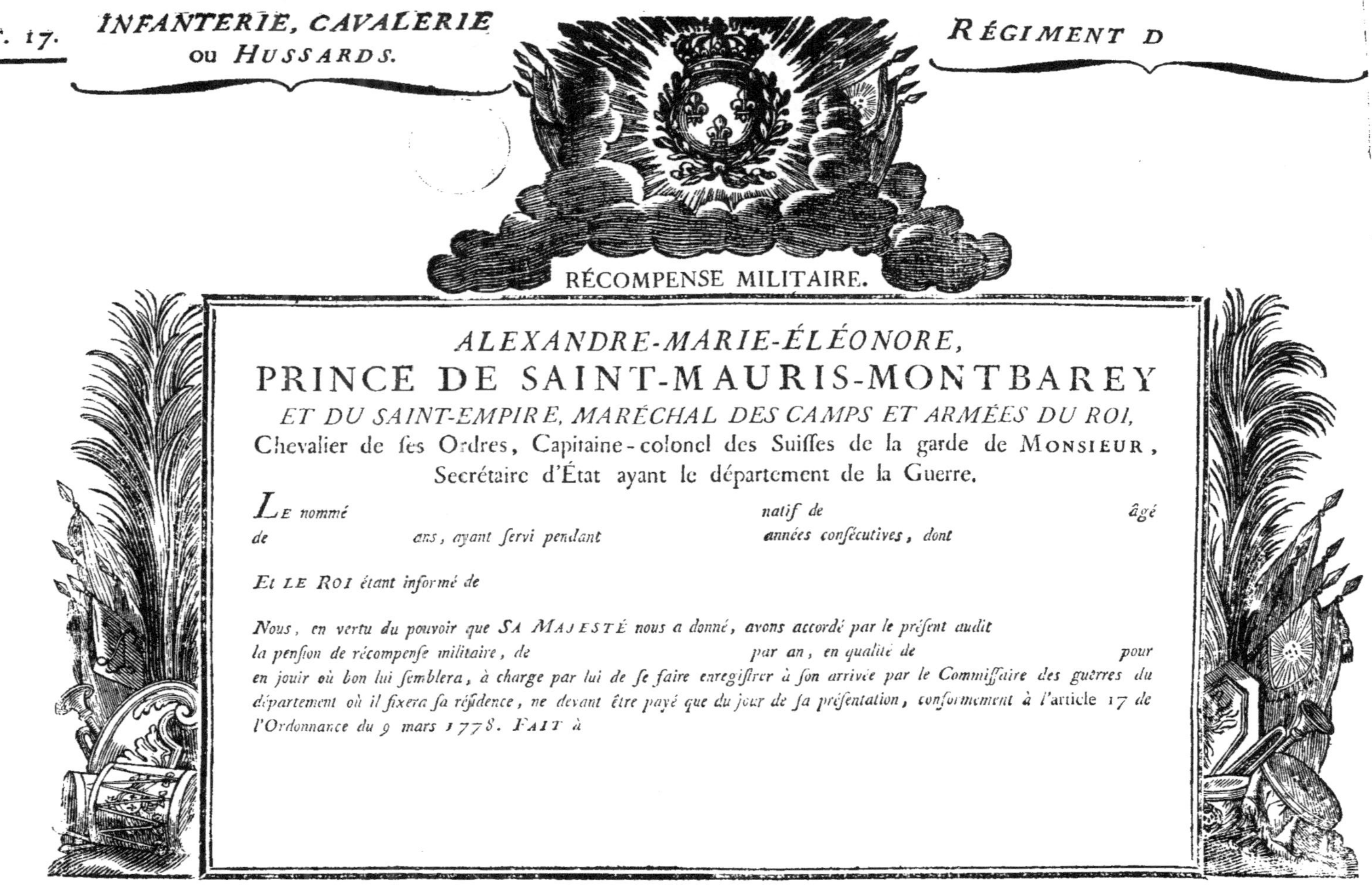

ALEXANDRE-MARIE-ÉLÉONORE,
PRINCE DE SAINT-MAURIS-MONTBAREY
ET DU SAINT-EMPIRE, MARÉCHAL DES CAMPS ET ARMÉES DU ROI,
Chevalier de ſes Ordres, Capitaine-colonel des Suiſſes de la garde de MONSIEUR,
Secrétaire d'État ayant le département de la Guerre.

LE nommé   natif de   âgé
de   ans, ayant ſervi pendant   années conſécutives, dont

Et LE ROI étant informé de

Nous, en vertu du pouvoir que SA MAJESTÉ nous a donné, avons accordé par le préſent audit
la penſion de récompenſe militaire, de   par an, en qualité de   pour
en jouir où bon lui ſemblera, à charge par lui de ſe faire enregiſtrer à ſon arrivée par le Commiſſaire des guerres du
département où il fixera ſa réſidence, ne devant être payé que du jour de ſa préſentation, conformément à l'article 17 de
l'Ordonnance du 9 mars 1778. FAIT à

NÉS.

Nota. Il faudra un État femblable pour les Soldes qui ont l'habillement tous les fix ans ; & un pour les Demi - foldes & Récompenfes militaires, qui font habillés tous les huit ans.

Ces États doivent être envoyés par les Subdélégués, aux Commiffaires des guerres de Département.

NVALIDES, retirés dans la Subdélégation premiers mois 177   & auxquels il a été nance du Roi du 9 Mars 1778.

MONTANT du DÉCOMPTE. par jour.			SOMMES PAYÉES.			OBSERVATIONS.
liv.	fous	den.	liv.	fous	den.	
//	//	$7\frac{1}{3}$.	4.	2.	6.	
//	//	$5\frac{1}{3}$.	//	5.	9.	
//	//	$5\frac{1}{3}$.	//	4.	$5\frac{1}{3}$.	
//	//	$5\frac{1}{3}$.	//	8.	$10\frac{2}{3}$.	
ıbdélégation...			5.	1.	7.	

Nota. *L'habillement des Officiers, sur le pied de 31 livres par an; celui des bas Officiers & Soldats, sur le pied de 8 livres aussi par an.*

INVALIDES PENSIONNÉS.

GÉNÉRALITÉ D

DÉPARTEMENT D

SUBDÉLÉGATION D

Nota. Il faudra un État semblable pour les Soldes qui ont l'habillement tous les six ans; & un pour les Demi-soldes & Récompenses militaires, qui sont habillés tous les huit ans.

Ces États doivent être envoyés par les Subdélégués, aux Commissaires des guerres de Département.

*É*TAT DES OFFICIERS, BAS OFFICIERS & SOLDATS INVALIDES, retirés dans la Subdélégation d auxquels l'Habillement étoit dû dans les six premiers mois 177 & auxquels il a été fait un décompte en argent, conformément à l'article 20 de l'Ordonnance du Roi du 9 Mars 1778.

NOMS			GRADES.	RÉGIMENS d'où ils sortent.	JOUR auquel L'HABILLEMENT est dû.	TEMPS pour lequel LE DÉCOMPTE a été fait.	MONTANT du DÉCOMPTE par jour.			SOMMES PAYÉES.			OBSERVATIONS.
DE BAPTÊME.	DE FAMILLE.	DE GUERRE.					liv.	sous	den.	liv.	sous	den.	
Pierre..........	RICHON........	Bonhomme.......	*Lieutenant.*	La Reine, *Infanterie.*	16 Fév. 1778.	4 mois 15 jours.	"	"	$7\frac{1}{3}$.	4.	2.	6.	
Guillaume........	LEBON..........	Sans-peur........	*Bas Offi.".*	Béarn..........	18 Juin......	"	13....	"	"	$5\frac{1}{3}$.	"	5.	9.	
Louis..........	GUYARD........	Sailly..........	*Soldat ...*	Orléans, *Dragons...*	21 Juin......	"	10....	"	"	$5\frac{1}{3}$.	"	4.	$5\frac{1}{3}$.	
Jean...........	VERNIER.......	Belle-fleur.......	*Soldat ...*	Poitou..........	11 Juin......	"	20....	"	"	$5\frac{1}{3}$.	"	8.	$10\frac{2}{3}$.	
						TOTAL de cette Subdélégation...				5.	1.	7.	

*C*ERTIFIÉ *véritable par Nous Subdélégué, à* le 177

ONNÉS.

Nota. Il faudra un semblable État pour les Soldes qui ont l'habillement tous les six ans ; & un pour les Demi-soldes & Récompenses militaires, qui sont habillés tous les huit ans.

Cet État servira de modèle pour ceux que les Commissaires des guerres de Département auront à fournir aux Commissaires des guerres de Résidence.

OFFICIERS & SOLDATS INVALIDES,

uels l'habillement étoit dû dans les six premiers pte en argent, conformément à l'article 20 de

TEMPS sur lequel le DÉCOMPTE a été fait.	MONTANT du DÉCOMPTE par jour.	SOMMES PAYÉES.			OBSERVATIONS.
mois 1 5 j.	$7^{d}\frac{1}{3}$.	4^{l}	2^{f}	6^{d}	
1 3 .	$5\,\frac{1}{3}$.	″	5.	9.	
1 0 .	$5\,\frac{1}{3}$.	″	4.	$5\,\frac{1}{3}$	
2 0 .	$5\,\frac{1}{3}$.	″	8.	$10\,\frac{2}{3}$.	
″	$5\,\frac{1}{3}$.	1.	6.	8.	
1 5 .	$5\,\frac{1}{3}$.	1.	″	″	
1 5 .	$7\,\frac{1}{3}$.	4.	2.	6.	
″	$5\,\frac{1}{3}$.	1.	6.	8.	
2 0 .	$5\,\frac{1}{3}$.	″	8.	$10\,\frac{2}{3}$.	
1 3 .	$5\,\frac{1}{3}$.	″	5.	9.	
cette Compagnie...		13^{l} 12^{f} ″^{d} $\frac{1}{3}$			

it à la somme de treize livres douze sols un tiers

Nota. L'habillement des Officiers, sur le pied de 11 livres par an; celui des bas Officiers & Soldats, sur le pied de 5 livres aussi par an.

INVALIDES PENSIONNÉS.

GÉNÉRALITÉ d

ÉTAT GÉNÉRAL des OFFICIERS, BAS OFFICIERS & SOLDATS INVALIDES, retirés dans la Compagnie d   auxquels l'habillement étoit dû dans les six premiers mois 177   & auxquels il a été fait un décompte en argent, conformément à l'article 20 de l'Ordonnance du Roi du 9 Mars 1778.

DÉPARTEMENS.	SUBDÉLÉGATIONS.	NOMS			GRADES.	RÉGIMENS d'où ils SORTENT.	JOUR auquel L'HABILLEMENT est dû.	TEMPS pour lequel le DÉCOMPTE a été fait.	MONTANT du DÉCOMPTE par jour.	SOMMES PAYÉES.	OBSERVATIONS.
		DE BAPTÊME.	DE FAMILLE.	DE GUERRE.							
BESANÇON.	BESANÇON.	Jean	RICHOU	Bonhomme	Lieutenant.	La Reine.	16 Fév. 1778.	4 mois 15 j.	$7^d \frac{1}{3}$.	4^l 2^s 6^d	
		Pierre	LEBON	Sans-peur	Bas Officier.	Béarn.	18 Juin	# 13.	$5 \frac{1}{3}$.	# 5. 9.	
		Guillaume	GUYARD	Sailly	Soldat.	Orléans.	21 Juin	# 10.	$5 \frac{1}{3}$.	# 4. $5\frac{1}{3}$.	
		Louis	VERNIER	Belle-fleur	Soldat.	Poitou.	11 Juin	# 20.	$5 \frac{1}{3}$.	# 8. $10\frac{1}{3}$.	
	ORNANS.	René	FAVIER	René	Bas Officier.	Anhalt.	1.er Mai	2. #	$5 \frac{1}{3}$.	1. 6. 8.	
		Charles	CROSNIER.	Richard.	Soldat.	Du Roi.	16 Mai	1. 15.	$5 \frac{1}{3}$.	1. # #	
		David	LARIVIERE.	Sans-terre	Capitaine.	Aunis.	16 Fév.	4. 15.	$7 \frac{1}{3}$.	4. 2. 6.	
SALINS.	SALINS.	Jacques	TRUBER	La Terreur.	Soldat.	Cravattes.	1.er Mai	2. #	$5 \frac{1}{3}$.	1. 6. 8.	
		Denys	NAUDIN	Sans-souci	Soldat.	Berry.	11 Juin	# 20.	$5 \frac{1}{3}$.	# 8. $10\frac{1}{3}$.	
	PONTARLIER.	Hugues	LEDUC	Flamand.	Bas Officier.	Soissonnois.	18 Juin	# 13.	$5 \frac{1}{3}$.	# 5. 9.	

TOTAL GÉNÉRAL de cette Compagnie... | 13^l 12^s # $\frac{1}{3}$

FAIT & arrêté par Nous Commissaire des Guerres, le présent État de Décompte, montant à la somme de treize livres douze sols un tiers de denier. A   le   177

ÉS.

V A L I D E S retirés dans la Subdélégation

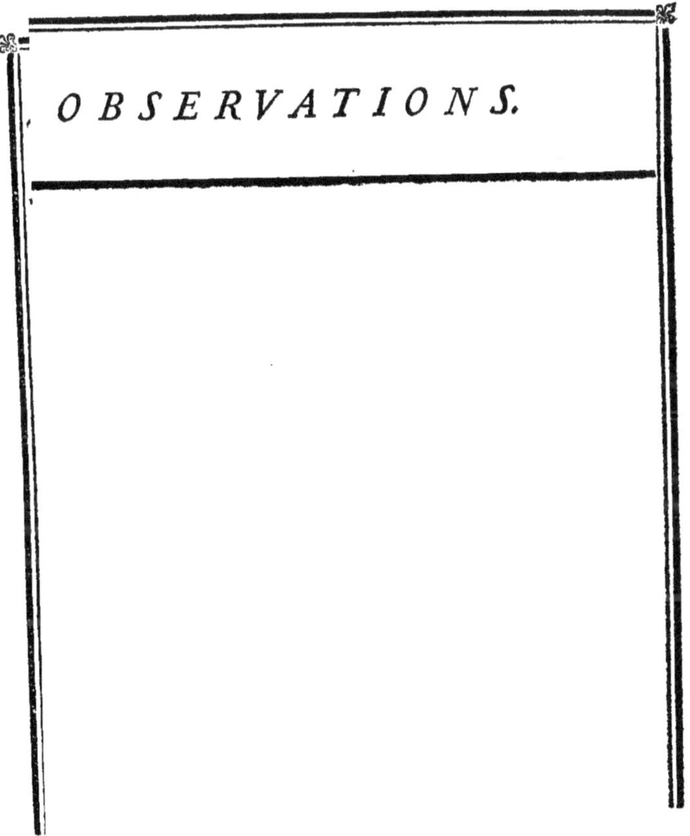

Nota. Il faudra un semblable État pour les Soldes qui ont l'habillement tous les six ans ; & un autre pour les Demi-soldes & récompenses militaires qui font habillés tous les huit ans.

Ces États doivent être envoyés par les Subdélégués aux Commissaires des guerres de Département.

ARTICLE 27.

HABILLEMENT,
pour quatre ans.

Six premiers Mois 177

INVALIDES PENSIONNÉS.

GÉNÉRALITÉ D

DÉPARTEMENT D

SUBDÉLÉGATION D

ÉTAT des OFFICIERS, BAS OFFICIERS & SOLDATS INVALIDES retirés dans la Subdélégation d auxquels l'habillement sera dû le 1.er Juillet 177

NOMS			GRADES.	ÉPOQUE du dernier HABILLEMENT fourni.	HABITS À FOURNIR.		OBSERVATIONS.
DE BAPTÊME.	DE FAMILLE.	DE GUERRE.			Officiers.	Bas Offic.ers & Soldats.	
Honoré.........	DE CONSTANS.	....	Capitaine..	16 Avril 1774...	1.	〃	
Louis...........	BOULON......	La Fleur.........	Bas Officier.	1.er Mars.......	〃	1.	
Jean...........	CHARPENTIER...	Saint-Jean.......	Soldat....	4 Janvier.......	〃	1.	
Guillaume........	REMY.........	Comtois.........	Soldat....	10 Juin.........	〃	1.	
TOTAUX de la Subdélégation......					1.	3.	
Reste en Magasin.......					〃	2.	
À fournir.............					1.	1.	

CERTIFIÉ véritable par Nous Subdélégué, à   le   177

ONNÉS.

Nota. Il faudra un semblable État pour les Soldes qui ont l'habillement tous les six ans ; & un autre pour les Demi-soldes & Récompenses militaires, qui sont habillés tous les huit ans.

Cet État servira aussi de modèle aux Commissaires des guerres de Département, pour former ceux qu'ils devront adresser aux Commissaires des guerres de Résidence.

ATS INVALIDES, retirés dans la Généralité
Juillet 177

| ABITS À FOURNIR | | | | OBSERVATIONS. |
| DÉLÉGATION, | | PAR DÉPARTEMENT, | | |
.	BAS OFFICIERS & SOLDATS.	OFFICIERS.	BAS OFFICIERS & SOLDATS.	
.	3.			
		1....	6.	
.	3.			
"		1....	1.	
1.				
PAGNIE...		2 ...	7.	

| HABITS. | |
OFFICIERS.	BAS OFFICIERS & SOLDATS.
. . . .	2....	7.
. . . .	1....	4.
. . . .	1.....	3.

INVALIDES PENSIONNÉS.

GÉNÉRALITÉ D

Nota. Il faudra un semblable État pour les Soldes qui ont l'habillement tous les six ans; & un autre pour les Demi-soldes & Récompenses militaires, qui sont habillés tous les huit ans.

Cet État servira aussi de modèle aux Commissaires des guerres de Département, pour former ceux qu'ils devront adresser aux Commissaires des guerres de Résidence.

*É*TAT DES OFFICIERS, BAS OFFICIERS & SOLDATS INVALIDES, retirés dans la Généralité d auxquels l'Habillement sera dû le 1.er Juillet 177

DÉPARTEMENS.	SUBDÉLÉGATIONS.	NOMS DE BAPTÊME.	DE FAMILLE.	DE GUERRE.	GRADES.	ÉPOQUE du dernier HABILLEMENT fourni.	PAR SUBDÉLÉGATION, Officiers.	Bas Officiers & Soldats.	PAR DÉPARTEMENT, Officiers.	Bas Officiers & Soldats.	OBSERVATIONS.
BESANÇON..	BESANÇON.	Honoré	DE CONSTANS.	....	Capitaine..	16 Avril 1774.					
		Louis	BOULON....	La Fleur....	Bas Officier.	1.er Mars.....	1...	3.			
		Jean	CHARPENTIER.	Saint-Jean...	Soldat....	4 Janvier.....					
		Guillaume	REMY	Comtois....	Soldat....	10 Juin......			1...	6.	
	ORNANS....	Pierre	BLANSAC..	La Tulipe...	Bas Officier.	2 Mai.......					
		François	GIRONET..	Francœur...	Soldat....	6 Février....	"...	3.			
		Claude	SARAUD....	Toulouse....	Soldat....	3 Juin.......					
SALINS......	SALINS....	Remi	DROUARD..	Argent-court.	Bas Officier.	4 Mai.......	1...	"			
	ARBOIS.....	Simon	DE BERTIN.	....	Lieutenant.	1.er Avril....	"...	1.	1...	1.	
						TOTAUX DE LA COMPAGNIE...			2...	7.	

RÉSULTAT.

	HABITS. Officiers.	Bas Officiers & Soldats.
IL sera dû au 1.er Juillet 177 aux Officiers, bas Officiers & Soldats de cette généralité.........	2....	7.
RESTE en Magasin les habits des hommes morts, disparus ou passés ailleurs, à déduire.........	1....	4.
PARTANT à fournir.............	1....	3.

*F*AIT & arrêté par Nous Commissaire des guerres à   le

ƆNNÉS.

Nota. Il faudra un femblable
État pour les Soldes ; & un autre
pour les Demi-foldes & Récompenfes militaires.

Ces États doivent être envoyés
par les Subdélégués aux Commiffaires des guerres de Département.

ƆLDATS *INVALIDES, retirés dans
ailleurs, ou morts pendant les fix
é demandé un habillement refté en
ier 177*

A B I T S.		OBSERVATIONS.
RS.	BASOFFIC.ᶜʳˢ & Soldats.	
	"	
	1.	
	1.	
	1.	
	3.	

INVALIDES PENSIONNÉS.

HABILLEMENS
Reſtés en Magaſin.

SIX PREMIERS MOIS 177

GÉNÉRALITÉ D

DÉPARTEMENT D

SUBDÉLÉGATION D

Nota. Il faudra un ſemblable État pour les Soldes ; & un autre pour les Demi-ſoldes & Récompenſes militaires.

Ces États doivent être envoyés par les Subdélégués aux Commiſſaires des guerres de Département.

ÉTAT des OFFICIERS, BAS OFFICIERS & SOLDATS INVALIDES, retirés dans la Subdélégation d   disparus, paſſés ailleurs, ou morts pendant les ſix premiers mois 177   pour leſquels il avoit été demandé un habillement reſté en magaſin, pour ſervir à la diſtribution du 1.er Janvier 177

NOMS		GRADES.	ÉPOQUES de leur DISPARUTION, Morts ou Sortis.	HABITS.		OBSERVATIONS.
DE BAPTÊME.	DE FAMILLE.			Officiers.	Bas Offic.ers & Soldats.	
Philippe	BLIN	Lieutenant	2 Janvier	1.	"	
Denys	CADROLLE	Bas Officier	5 Février	"	1.	
Louis	DELONDE	Soldat	9 Mars	"	1.	
Victor	ESTOIN	Soldat	20 Avril	"	1.	
			RESTE EN MAGASIN	1.	3.	

CERTIFIÉ véritable par Nous Subdélégué, à   le   177

ONNÉS.

Nota. Il faudra un femblable État pour les Soldes ; & un autre pour les Demi-foldes & Récompenfes militaires.

Cet État fervira de modéle aux Commiffaires des guerres de Département, pour former ceux qu'ils devront envoyer aux Commiffaires des guerres de Réfidence.

...DATS INVALIDES, retirés dans la Généralité ... pendant les fix premiers mois 177 pour lefquels ... ir à la diftribution du 1.er Janvier 177

| | TOTAL | | | |
| | SUBDÉLÉGATIONS. | | PAR DÉPARTEMENS. | | OBSERVATIONS. |
...CIERS.	BAS OFFICIERS & SOLDATS.	OFFICIERS.	BAS OFFICIERS & SOLDATS.	
3.				
		1.	6.	
3.				
1.		//	1.	
1.				
		1.	2.	
1.				
...gnie.........		2.	9.	

...le

177

INVALIDES PENSIONNÉS.

GÉNÉRALITÉ D

Nota. Il faudra un semblable État pour les Soldes ; & un autre pour les Demi-soldes & Récompenses militaires.

Cet État servira de modèle aux Commissaires des guerres de Département, pour former ceux qu'ils devront envoyer aux Commissaires des guerres de Résidence.

*É*TAT DES OFFICIERS, BAS OFFICIERS & SOLDATS INVALIDES, retirés dans la Généralité d   disparus, passés ailleurs ou morts, pendant les six premiers mois 177   pour lesquels il avoit été demandé un habillement, resté en Magasin pour servir à la distribution du 1.er Janvier 177

DÉPARTEMENS.	SUBDÉLÉGATIONS.	NOMS DE BAPTÊME.	NOMS DE FAMILLE.	GRADES.	ÉPOQUES de leur DISPARUTION, Morts ou Sortis.	TOTAL PAR SUBDÉLÉGATIONS. Officiers.	Bas Officiers & Soldats.	TOTAL PAR DÉPARTEMENS. Officiers.	Bas Officiers & Soldats.	OBSERVATIONS.
MONTPELLIER.	MONTPELLIER.	Philippe	BLIN	*Lieutenant.*	2 Janvier	1.	3.			
		Denys	CADROLLE	*Bas Officier.*	5 Février					
		Louis	DELONDE	*Soldat*	9 Mars					
		Victor	ESTOIN	*Soldat*	20 Avril			1.	6.	
	NARBONNE	Jean	GIROROUX	*Bas Officier.*	4 Mai					
		Claude	LARCHER	*Soldat*	1.er Mars	»	3.			
		René	FEUILLET	*Soldat*	1.er Mai					
NISMES.	NISMES.	Jérôme	LATOUR	*Bas Officier.*	1.er Mars	»	1.	»	1.	
TOULOUSE.	TOULOUSE.	Benoît	PASTRE	*Capitaine.*	10 Février	1.	1.			
		Gilles	HERLIN	*Soldat*	6 Juin			1.	2.	
	CARCASSONNE.	François	GAULARD	*Bas Officier.*	1.er Mars	»	1.			
RESTE EN MAGASIN dans cette Compagnie								2.	9.	

*F*AIT & arrêté par Nous Commissaires des guerres, à   le   177